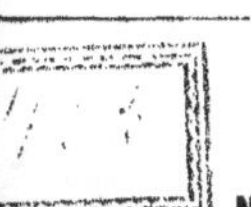



NTE
APRÈS DÉCÈS
*Salle de la Rue Voltaire No 7*
Le 20 Mai 1910 & jours suivants

# Collection V^OR^ BORDES

## TABLEAUX ANCIENS & MODERNES

## FAÏENCES

Porcelaines, Bijoux
Objets de vitrine, Fers, Bronzes
Armes
Tapisserie.

**EXPOSITION : Jeudi 19 Mai 1910**

| Me JOSEPH DUGUIT | M. ERNEST DESCAMPS |
| --- | --- |
| *Commissaire-Priseur* | *Expert Assermenté* |
| 11, Rue de la Devise, 11 | 2, Rue Jean-Jacques-Bel |

**BORDEAUX**

Imp. G. CHARIOL, Bordeaux.

# Collection V$^{OR}$ BORDES

TABLEAUX ANCIENS & MODERNES

FAÏENCES

Porcelaines, Bijoux

Objets de vitrine, Fers, Bronzes

Armes

Tapisserie.

## CONDITIONS DE LA VENTE

Elle sera faite au comptant ; les acquéreurs paieront **cinq pour cent** en plus du prix d'adjudication.

L'exposition permettant de se rendre compte de la nature et de l'état des objets, Messieurs les amateurs sont priés d'y apporter toute leur attention, attendu qu'aucune réclamation ne sera admise aussitôt l'adjudication prononcée.

## ORDRE DES VACATIONS

**Vendredi 20 Mai**. — Les faïences jusqu'au numéro 100.

**Samedi 21 Mai.** — Les peintures, aquarelles, gravures, du numéro 288 jusqu'au numéro 316 ; plus la tapisserie, le clavecin et le petit meuble.

**Lundi 23 Mai.** — Reprise des faïences du numéro 101 au numéro 225.

**Mardi 24 Mai.** — Du numéro 226 à la fin.

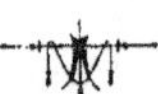

# CATALOGUE

DES

# TABLEAUX ANCIENS & MODERNES

ŒUVRES DE

**Rubens. J. Molnaere. A.-R. Jones. P. Van Schendel. Lancret. Willemsems. J.-B. Huet. Schall. H Fragonard. Le Moyne. Van Ostade. G. Lottini. Paternoster. Rinaldi. Patrois, Serrure. Jules André. T. Gudin, etc.**

# FAÏENCES

**Porcelaines, Bijoux**

**Objets de vitrine, Fers, Bronzes, Armes**

**Tapisserie**

Composant la Collection **VICTOR BORDES**

DONT LA VENTE (PAR SUITE DE DÉCÈS) AURA LIEU

A BORDEAUX, HOTEL DES VENTES. 7. RUE VOLTAIRE

Les Vendredi 20 Mai 1910 et jours suivants

A 1 HEURE 1/2

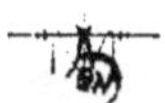

*Commissaire-Priseur*

**Me Jh DUGUIT**

11. Rue de la Devise

*Expert assermenté*

**M. Ernest DESCAMPS**

2. Rue Jean-Jacques-Bel

**EXPOSITION : Jeudi 19 Mai 1910**

Don S. de Ricé

# Quelques Lignes

*Si je me permets de demander l'attention de Messieurs les amateurs sur la collection malheureusement peu nombreuse en numéros des peintures que nous allons vendre, désignées dans le catalogue ci-après, c'est qu'elle contient des toiles qui, non seulement, seront appréciées des connaisseurs recherchant les pièces importantes des XVIe et XVIIe siècles au point de vue du grand art, mais aussi de ceux si passionnés de l'art enchanteur de notre XVIIIe siècle tant recherché et disputé des fins chercheurs qui se plaisent et aiment à s'entourer d'objets aimables en même temps que de valeur.*

*Aussi feu Mr Victor Bordes, dont l'affabilité était bien connue, en était presque jaloux, si j'ose m'exprimer ainsi, et en homme modeste, parlait-il peu de sa collection. Néanmoins ce fut un véritable plaisir pour les privilégiés d'avoir pu juger de l'empressement qu'il apportait à vous les montrer, à vous dire tout ce qu'il en savait ainsi que tout ce qu'il en pensait.*

*L'exposition du reste vous démontrera avec plus de facilité, ce que l'on doit en penser et les enchères, nous l'espérons, en feront avantageusement la preuve.*

**Ernest DESCAMPS**
*Expert assermenté.*

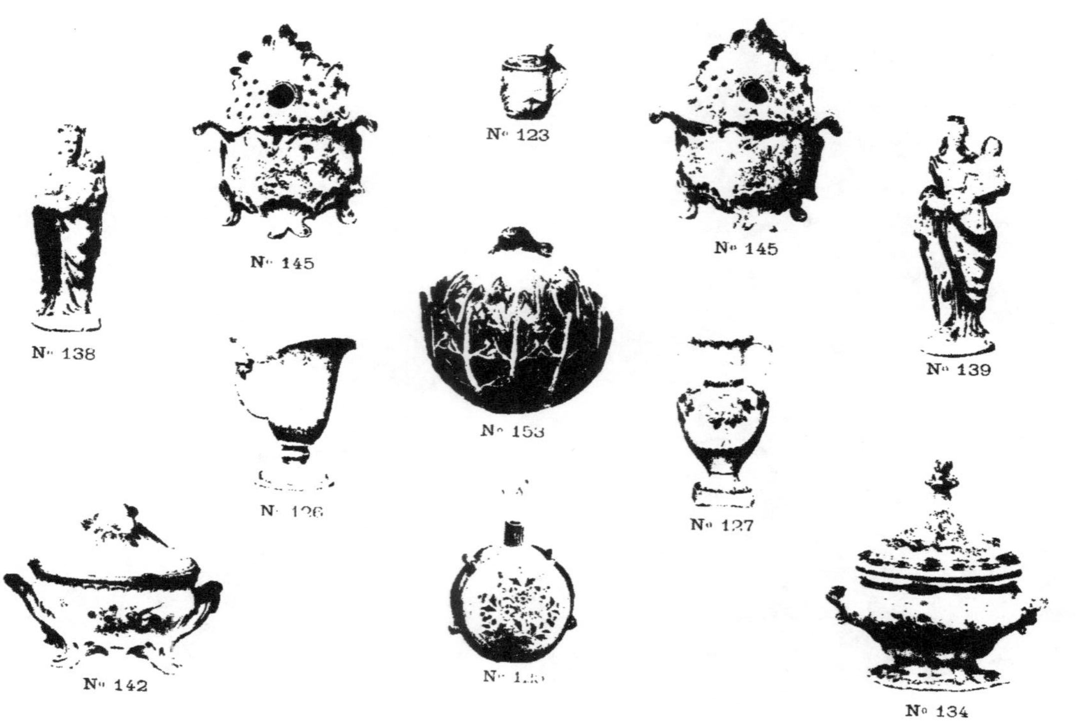

Nº 145 — Nº 123 — Nº 145

Nº 138 — Nº 153 — Nº 139

Nº 126 — Nº 127

Nº 142 — Nº 134

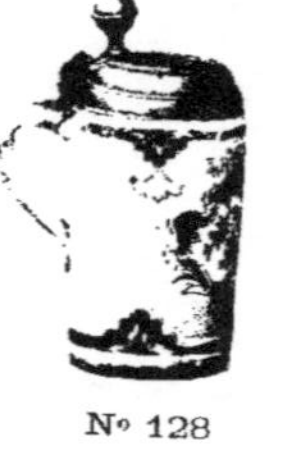

N° 128

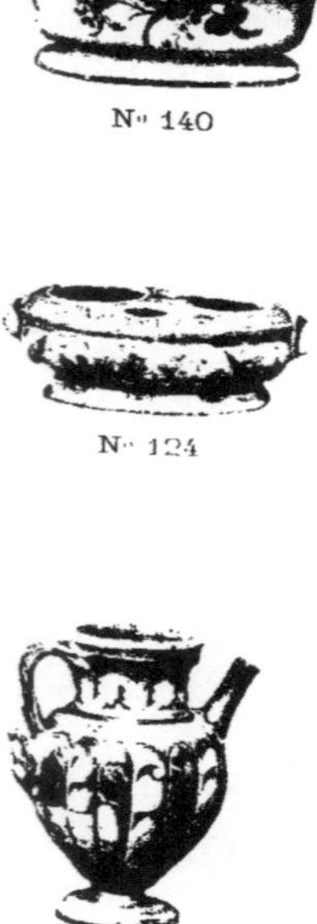

N° 140

N° 124

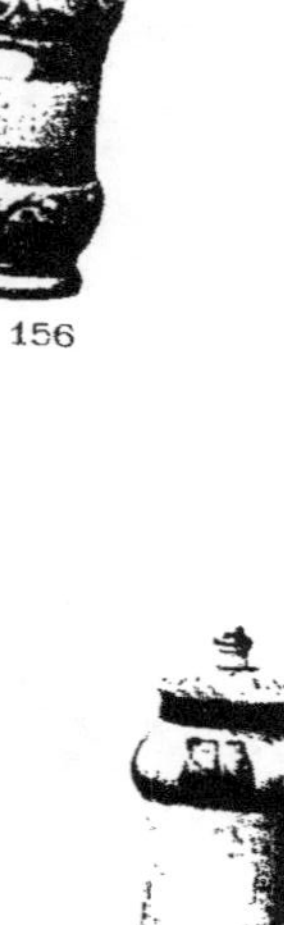

N° 156

N° 156

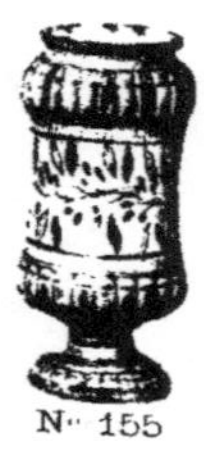

N° 155

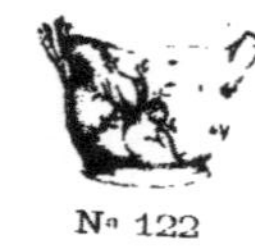

N° 122

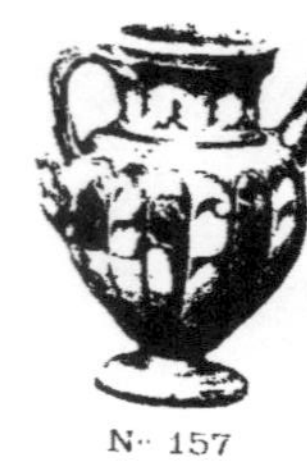

N° 157

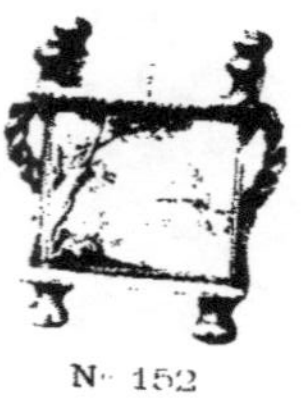

N° 152

# DÉSIGNATION DES OBJETS

## FAÏENCES

**1° Quantités de pièces diverses, avariées, par lots ; d'abord de la lettre A à la lettre Z, ensuite du n° 1 au n° 100.**

101 — **Bordeaux.** — Porte-bouquet polychrome.

102 — **Sinceny.** — Petit vase de malade, à manche, bleu camaïeu.

103 — **Sud-Ouest.** — Paire de porte-bouquets polychrome, à reliefs.

104 — **Montpellier.** — Assiette polychrome.

105 — » — Assiette jaune.

106 — **La Rochelle.** — Sucrier à poudre (avarié), une assiette Moustiers.

107 — **Montpellier.** — Bol à bouillon, fond jaune.

108 — **Strasbourg.** — Paire de bols à bouillon, fleurs en polychrome (avariés).

109 — **Moustiers.** — Assiette dite à la pomme de terre.

110 — **Apt.** — Paire de petits plats creux, bords dentelés, fleurs en polychrome.

111 — **Marseille.** — Paire d'assiettes polychrome à fleurs.

112 — » — Paire d'assiettes polychrome à fleurs.

113 — » — Deux assiettes polychrome, dont une grande.

114 — **La Rochelle.** — Petit plat rond.

115 — » — Petit plat ovale.

116 — » — Plat ovale dentelé, fleurs en polychrome.

117 — **Montauban.** — Petit plat ovale influence Montpellier.

118 — **Marseille.** — Assiette octogone chinoise polychrome.

119 — » — Assiette octogone chinoise polychrome.

120 — **Montpellier.** — Théière jaune avariée et moutardier.

121 — **Hannong.** — Deux petits pots à crème, l'un avarié, petite théière sans couvercle.

122 — **Hannong.** — Petit cache-pot polychrome.

123 — **Rouen.** — Petit moutardier polychrome.

124 — » — Porte-huilier polychrome, à la corbeille.

125 — **Nevers.** — Gourde ronde aplatie, à coulant, (avariée) (1751) et un petit vase.

126 — **Moustiers.** — Petite aiguière, casque bleu décoré Bérain.

Haut. 0.20.

127 — **La Rochelle.** — Petit vase à anse polychrome.

Haut. 0.22.

128 — **Anonyme.** — Double pinte faïence flamande, fleurs en polychrome, marque M. B., sur fond fouetté violet, armature étain.

Haut. 0.22.

129 — **Apt.** — Soupière ronde polychrome.

130 — **Nevers.** — *Ecce homo*, polychrome (avarié).

131 — **Delft.** — Trois assiettes bleues et polychrome.

132 — **Moustiers.** — Plat rond, bords dentelés polychrome.

133 — » — Plat rond au drapeau.

134 — **Espagne.** — Soupière cotelée, décor chinois en polychrome.

135 — **Nevers.** — Plat creux rond bleu et manganèse (armorié).

136 — **Moustiers.** — Plat long à ressaults, décor Bérain.

Long. 0.42.

137 — **Moustiers.** — Plat long à ressaults, décor Bérain.

Long. 0.45.

138 — **Nevers.** — Vierge en polychrome.

Haut. 0.27.

139 — **Nevers.** — Vierge en polychrome.

Haut. 0.31.

140 — **Hannong.** — Jardinière crénelée polychrome, roses et œillets. Parfait état.

Haut. 0.28.

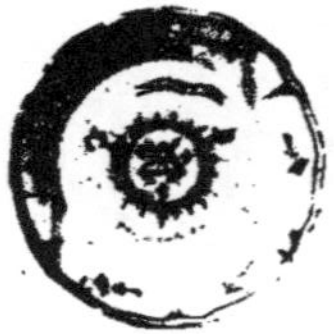

N° 160

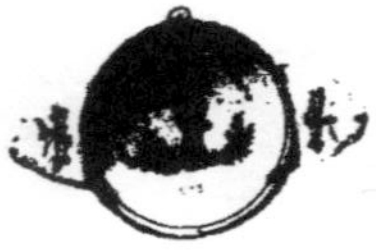

N° 167

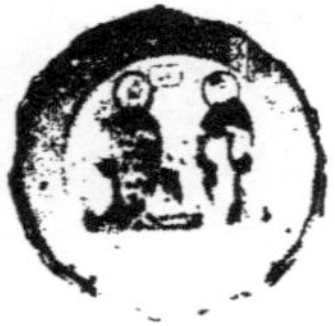

N° 148

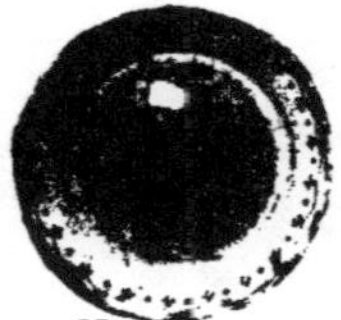

N° 158

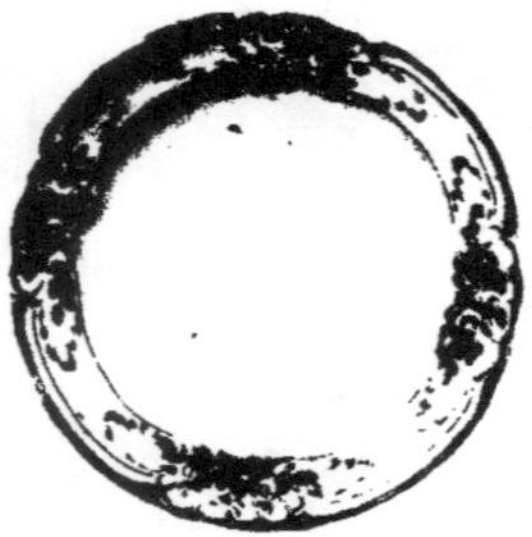

N° 142

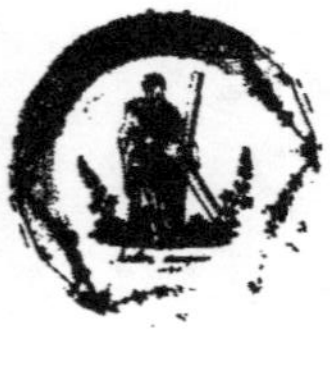

N 149

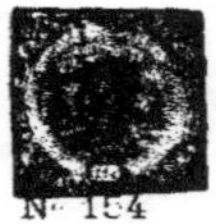

N° 154

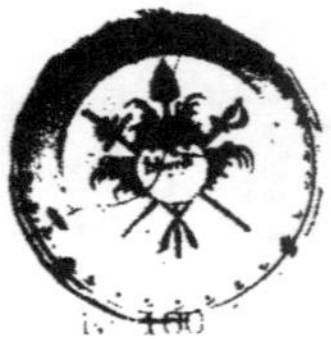

N° 160

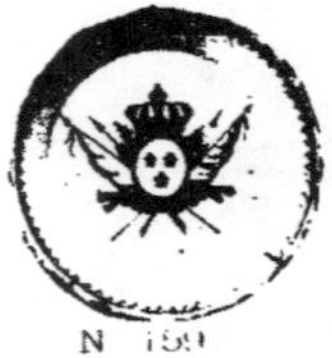

N 150

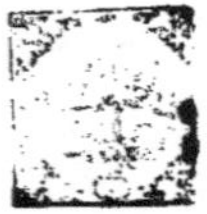

N° 151

(BN)

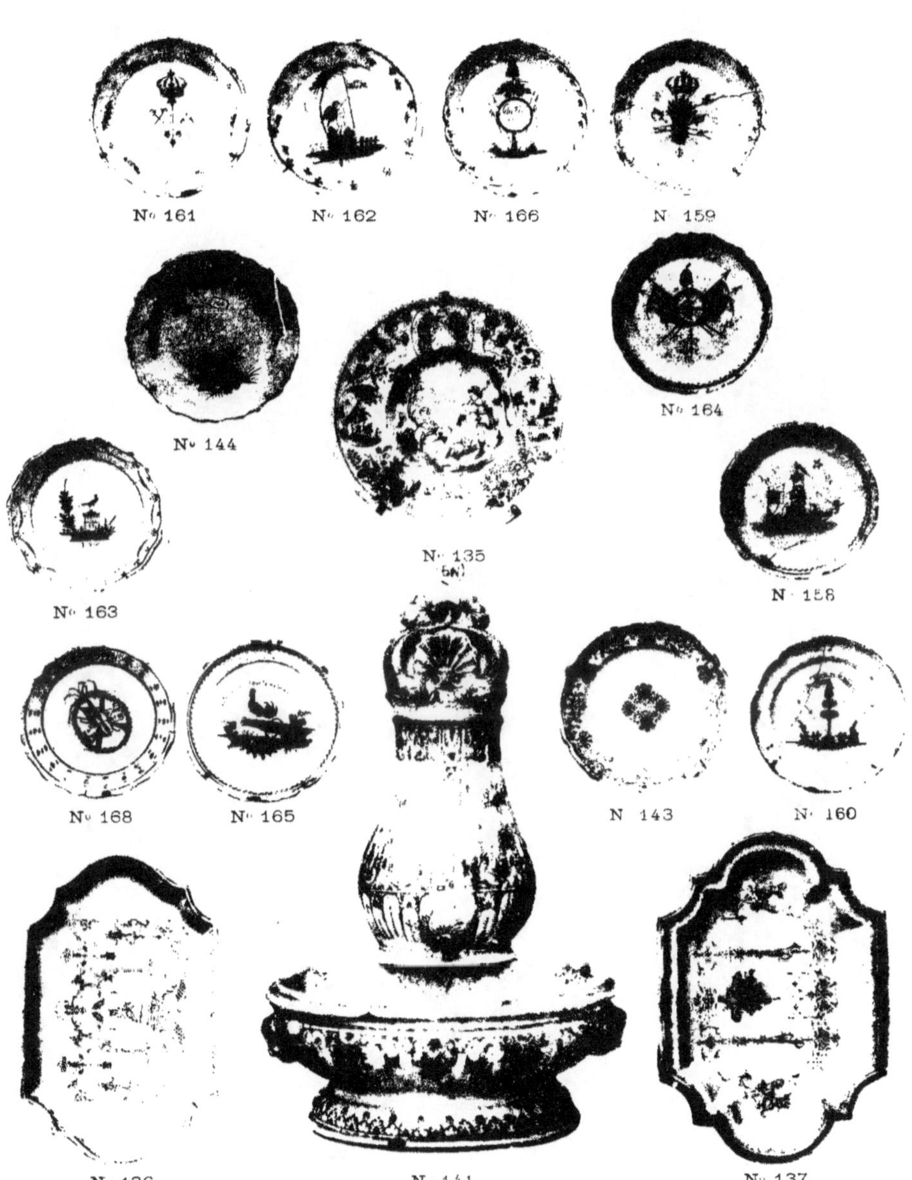

N° 161 N° 162 N° 166 N° 159

N° 144 N° 164

N° 163 N° 135 N° 158

N° 168 N° 165 N° 143 N° 160

N° 136 N° 141 N° 137

141 — **Rouen**. — Fontaine et sa vasque en polychrome (avariée).

Haut. 0,75.

142 — **Nidervillers.** — Soupière ronde sur pied et sur plateau rond, décorée, en polychrome, légumes et fleurs en relief.

143 — **Moustiers.** — Assiette bleu camaïeu, décorée de fleurs, coquilles et corbeille au marly ; cartouche du même au centre, pièce de qualité, de la moitié du XVIII^e^ siècle.

144 — **Marseille.** — Assiette creuse polychrome, poissons et fruits, exécution très soignée.

145 — **La Rochelle.** — Paire de porte-fleurs en rocaille sur trois pieds, décorés de fleurs et ornements en reliefs polychromés, avec leur couvercle, dont l'un est avarié.

Haut. 0,30.

146 — **Sud-Ouest.** — Petite assiette à calotte, Napoléon I^er^ debout entre deux palmes, avec son initiale.

147 — **Sud-Ouest.** — Assiette plate en polychrome, l'Aigle Impérial avec les foudres remplit le milieu.

148 — **Nevers.** — Assiette en polychrome, trois personnages, roi et reine, en exergue Louis Courtony, Elisabette Desibère (1770).

149 — **Nevers.** — Assiette en polychrome, représentant un Apôtre ; en exergue André Monpain (1785).

150 — **Bordeaux.** — Encrier à casier en polychrome.

151 — » — Deux assiettes maçonniques.

152 — **Nevers.** — Jardinière carrée sur pieds, bleu et manganèse (réparation).

Haut. 0,20.

153 — **Moustiers.** — Soupière en forme de chou-fleur en polychrome (avariée).

154 — **Moustiers.** — Deux carreaux de revêtement bleus.

155 — **Italie.** — Vase de pharmacie à piédouche, fleurs en polychrome.

156 — **Urbino.** — Paire de vases de pharmacie, arabesques en polychrome, inscription : « D. Ponpholigo. d'Albu raf. ».

157 — **Urbino.** — Pot à eau godronné sur piédouche, anse et goulette avec son couvercle, arabesques en polychrome, inscription : « M. Rofat » (réparation).

# FAÏENCES PATRIOTIQUES

## EN POLYCHROME

158 — **Nevers.** — Deux pièces : l'une, assiette « A ça ira » ; l'autre, un vaisseau « R. F. » (pièces avariées).

159 — **Nevers.** — Deux pièces : l'une, drapeau, couronne et fleurs de lys ; l'autre, gerbe de blé, crosse et couronne « Réunion » (pièces avariées).

160 — **Nevers.** — Trois pièces : l'une, triangle, épis de blé, crosse, épée « *Fidelitas, Pax, Concordia* » ; une autre, bonnet phrygien, crosse, épée « Liberté » ; une troisième, arbre de liberté « La Liberté ou la Mort » (les trois pièces avariées).

161 — **Nevers.** — Couronne trois cercles, cœur, épée, crosse (bon état).

162 — » — Amour agitant un drapeau « W. L. R. » (bon état).

163 — » Serin sur sa cage chantant « Liberté ».

164 — » — Bonnet phrygien sur couronne laurier en trophée « W. La Montagne » (bon état).

165 — **Nevers.** — Coq sur un canon « Je veille pour la Nation » (bon état).

166 — » Bonnet phrygien sur arbre de la liberté avec drapeaux bleus « Liberté, 1792 » (bon état).

167 — **Nevers.** — Ecuelle à oreille, jeune garçon tenant un drapeau « Vive la Nation, 1791 » (félure).

168 — **Nevers.** — Attributs de musique (bon état).

# PORCELAINES

169 — **Chine-Japon.** — Deux assiettes, dont une armoriée.

170 — **Paris.** — Deux assiettes sujets antiques en grisaille, marly en rouge uni (manufacture Stone-Coquerel et Legros).

171 — **Chantilly.** — Une assiette, semis de fleurettes en bleu.

172 — **Saxe.** — Plat rond, décor à reliefs blancs et bouquets fleurs en polychrome.

173 — **Duc d'Orléans.** — Sucrier à poudre, plateau adhérent, fleurs bleu camaïeu (avarié).

174 — **Chantilly.** — Théière complète, à fleurettes, en bleu.

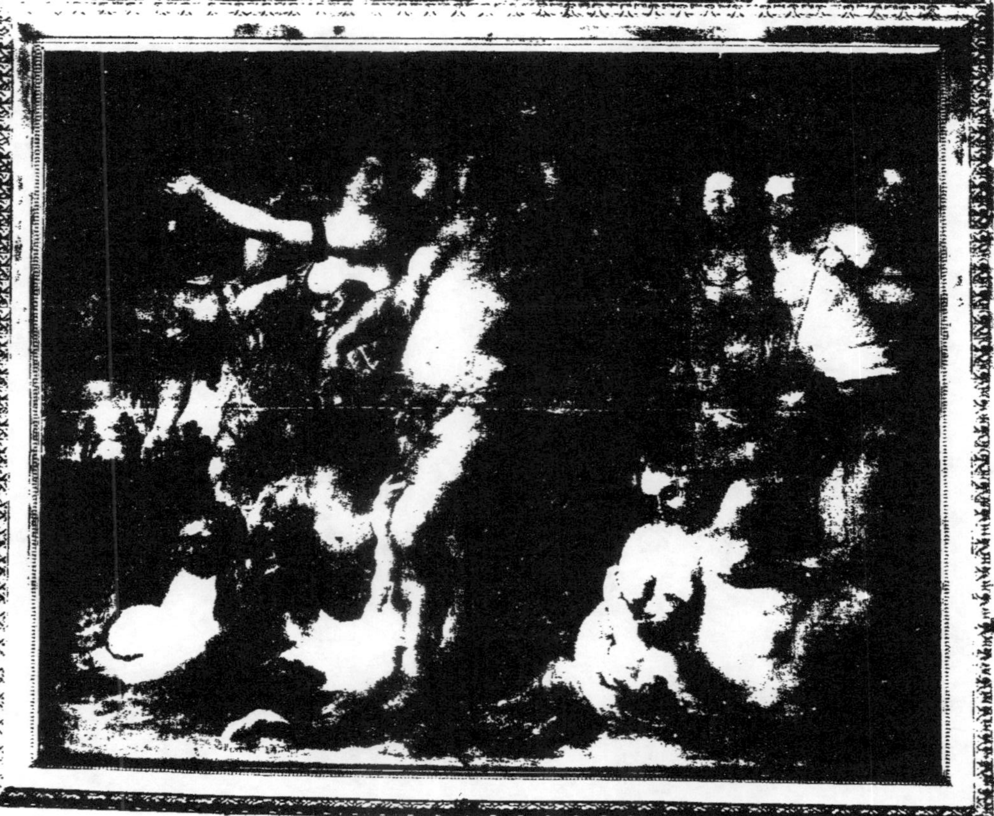

N° 335

Cette peinture de Rubens, en tous points remarquable par sa coloration blonde et chaude est d'une conservation irréprochable; mais la photographie n'ayant pu réussir, elle ne peut que donner une faible idée de la composition.

175 — **Bordeaux et Locré.** — Cafetière et tasse à café en Barbot.

176 — **Cappo di Monté.** — Boite décorée de scènes mythologiques en relief polychrome (réparée).

177 — **Mennecy.** — Trois petits pots et leur couvercle. Décors en bleu.

178 — **Chine et Japon.** — Tasse à thé, deux tasses avec chiffre, une tasse japonaise, un couvercle, un pot à lait.

179 — **Compagnie des Indes.** — Tasse et sous-tasse, deux tasses, cafetière, pot à lait.

## VERROTERIE

180 — Deux burettes, dont une avariée et un verre émaillé.

181 — Un carafon et deux verres.

182 — Une coupe à anses.

183 — Un grand verre cylindre conique à pied, mascarons moulés à reliefs.

184 — Bouteille à long col bleu verdâtre, ornée d'une bague à l'étranglement, décorée d'ornements en blanc et rouge brique dans le goût arabe. Venise, XVII$^{e}$ siècle (intact).

## DIVERS

### Objets de Fouilles, Terres cuites

185 — Lot de cinq haches en pierre et grattoirs.

186 — Lot de fragments poterie et mosaïque.

187 — Lot de quatre lampes funéraires.

188 — Deux vases, une lampe.

189 — Deux vases, une lampe.

190 — Deux vases étrusques et os de rennes.

191 — Un lot composé d'une clef de voute en pierre du XIV$^{e}$ siècle, un haut de chapiteau à inscriptions et différents fragments.

192 — Amphore à long col en terre cuite et anses.

Haut. 1.10.

## FERS

193 — Marteau heurtoir, salamandre imaginaire, xv^e siècle.

194 — Lot de pointes de flèches, hache et quatre clefs.

195 — Sept clefs, xiv^e siècle.

196 — Six clefs, xv^e et xvii^e siècles.

## BRONZES

197 — Lot de divers fragments antiques.

198 — Petit Dieu Osiris et Mercure, deux pièces.

199 — Taureau gallo-romain.

200 — Eperon, xiv^e siècle.

201 — Petit lion, xv^e siècle.

202 — Dieu Osiris assis, bronze doré, pièce très intéressante.

203 — Deux cuilliers, époqu gothique.

204 — Trois croix, deux icones russes à volets.

205 — Lot divers fragments.

206 — Mortier et son pilon, xvii^e siècle.

## POIDS (bonne conservation)

207 — Neuf petits poids divers des xvii^e et xviii^e siècles et deux petites boites à balances incomplètes.

208 — Neuf poids de Toulouse (1434).

209 — Trois poids de Montpellier.

210 — Deux poids de Vias et Montauban.

211 — Deux poids de Carcassonne, grande dimension (1555).

212 — Six poids de Castres (1639), dont un de deux livres.

213 — Trois boites de poids en bronze, incomplètes.

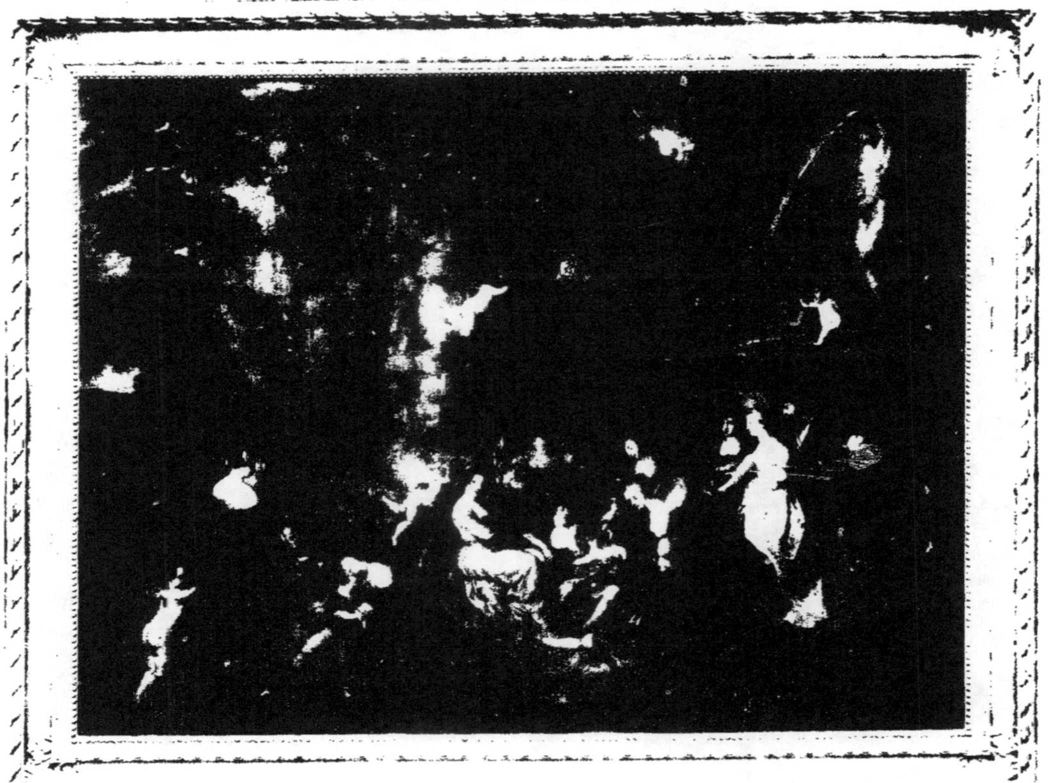

## CACHETS EN BRONZE

214 — Trois cachets « Nicolas Leroux » : Tribunal de Paix à Mirebeau (Vienne), C. Brouthet, notaire ; Société des Amis de la Constitution à Allanche ; Vivre libre ou mourir.

215 — Quatre armes de la ville de Bordeaux, E. M. en argent du XVIIe siècle, attributs maçonniques, G. M. bronze, une initiale G. R.

216 — Deux pièces : Compagnie des Grenadiers (2e bataillon des Côtes-du-Nord), République Française (Municipale de Saint-Martin-de-Villenaux).

217 — Deux pièces : baillage royal de Lusignan. Sceau royal de Saint-Rome (sans manches).

218 — Deux pièces: Armoiries avec deux Sauvages en support. (Pro Régé. Bordeaux).

## BIJOUX, OBJETS VITRINE

219 — Chaîne en cuivre et deux clefs de montre.

220 — Un binocle Ier Empire et un lorgnon.

221 — Paire de petites boucles argent, un crochet de ceinture en acier.

222 — Boite agathe, trois boucles de souliers, un bâton ivoire sculpté.

223 — Boîte de boutons, deux boucles, service à manger chinois, fragments divers, paire de salières émail avariées.

224 — Etui à ciseau en filigrane d'argent, XVIIIe siècle.

225 — Croix en argent doré, XVIIIe siècle (Espagne).

226 — Bijoux maçonniques de rose-croix argent et pierres.

227 — Grande croix pendentif argent et strass, XVIIIe siècle.

228 — Montre argent, fin du XVIIIe siècle.

229 — Montre argent à sonnerie, époque de la Régence, avariée, incomplète.

230 — Montre argent, ciselée, ajourée, sonnerie, époque de la Régence, complète.

231 — Montre or guillochée en vannerie, époque de Louis XV, complète.

232 — Petit étui vernis de Martin, fleurs sur fond or.

233 — Éventail époque de Louis XVI, deux charmantes gouaches pastorales sur la feuille de soie.

234 — Cachet cuivre et cornaline, et bague bas or.

235 — Bague fibule, deux anneaux.

236 — Deux bagues bronze, XVe siècle.

237 — Bague argent et fausses pierres, commencement du XVIIe siècle.

238 — Bague argent émaillée et fausses pierres, commencement du XVIIe siècle.

239 — Bague argent émaillée et fausses pierres grenat.

240 — Médaille portrait femme, XVIIIe siècle.

241 — Grande bague bas or, profil homme en grisaille, fin du XVIIIe siècle.

242 — Un gilet Louis XVI, paire de mitaines, deux petites sandales et bonnet, époque du XVIIIe siècle.

243 — Saint Pierre, émail, de J. Landin (réparations).

244 — Petit bonze chinois en marbre et un chat en bois.

245 — Encrier en bronze, tête de nègre, XIXe siècle et cachet en bronze chevalier en armure, XIVe siècle.

246 — Paire de statuettes en bronze petit marquis et marquise, époque 1840, socle compris.

Haut. 0,24

247 — Boite ovale en cuivre et un petit porte-chandelle XVIIe siècle, une lampe juive.

248 — Deux lampes juives à tiges trois becs.

249 — Porte-mouchettes et éteignoir et petit plateau ovale XVIIIe siècle.

250 — Réchaud cuivre ajouré XVIIe siècle.

## ÉTAINS

251 — Une salière et une petite pinte.

252 — Écuelle XVIIe siècle (poinçonnée).

253 — Une paire de calices.

254 — Aiguillère XVIIe siècle.

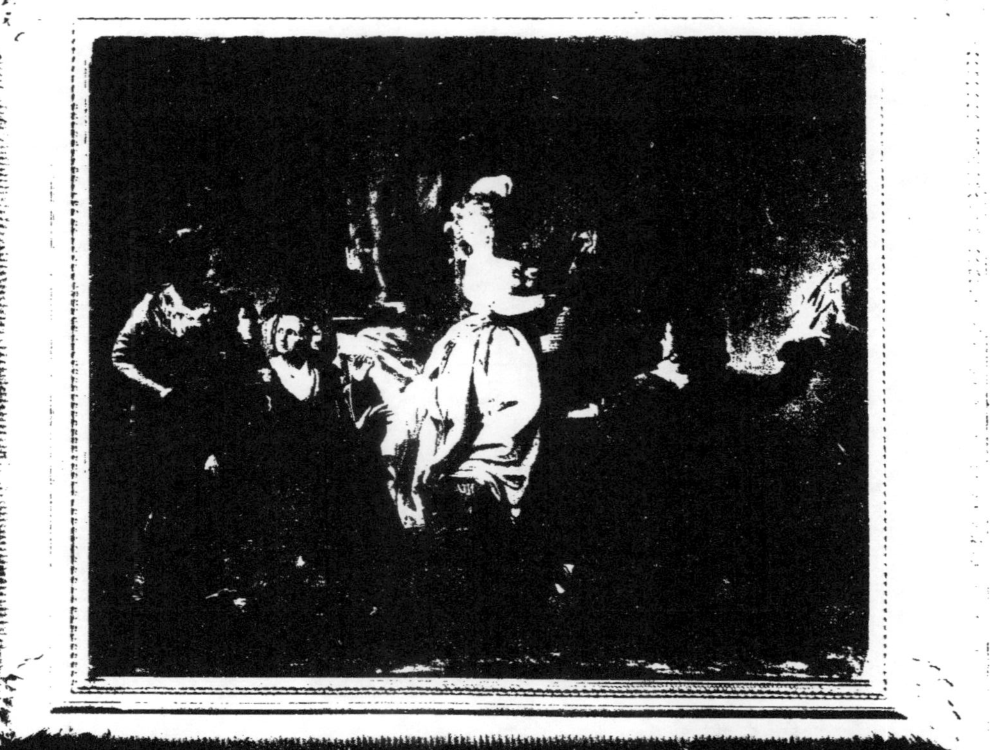

N° 345

## DIVERS

255 — Petit médaillon "Garibaldi" et médaillon bronze "J. Calvin", signé Dautezac, 1859.

256 — Vierge et Christ, sans bras, XVIIe siècle, bois sculpté.

257 — Petit meuble à bijoux vieille laque de Chine.

258 — Encrier oriental métal blanc et bronze.

259 — Petit coffret cuir, petits fers, XVIIe siècle.

260 — Petit coffret maroquin à filets, XVIIe siècle.

261 — Romaine du XVIe siècle.

262 — Cadran solaire en ardoise augmenté de 4 cercles : 1° heures italiennes ; 2° heures judaïques ; 3° arcs des signes et des crépuscules ; 4° azémats et almécantarets. Au centre : « *Perpetuam Parit ultima sortem* ». 1742. Les aiguilles manquent.

0,45 carré.

## ARMES

263 — Lot de trois poignards (Côte d'Afrique).

264 — Lot de deux mors de bride, un étrier, quatre pistolets.

265 — Quatre piques Ire République.

266 — Deux poignards ; un petit pistolet.

267 — Éprouvette et pistolet tromblon.

268 — Paire de pistolets XVIIIe siècle.

269 — Paire de pistolets espagnols XVIIIe siècle.

270 — Deux grands pistolets XVIIIe siècle.

271 — Deux fléaux d'armes à pointe ; une masse à ailettes (imitation).

272 — Un sabre ; deux briquets.

273 — Deux sabres dont un Ire République.

274 — Sabre court, manche ivoire « Viva Lisboa » et un sabre allemand, poignée ivoire garde bronze ajourée représentant des animaux.

275 — Un sabre dragons époque de Louis XVI et un couteau de chasse.

276 — Deux épées époque du XVIIe siècle dont une en débris.

277 — Un fusil tromblon XVIIIe siècle.

278 — Deux fusils de chasse à deux coups XVIII<sup>e</sup> siècle.

279 — Paire de hallebardes du XVII<sup>e</sup> siècle.

280 — Fusil de chasse (canardière), baïonnette à ressort, canon bleui damasquiné argentin (belle conservation), époque de Louis XVI.

281 — Fusil de chasse plus court sans baïonnette à un coup, canon bleui guidon argent ciselé, très haut relief, signé Fiton, arq. du roi et de M<sup>r</sup>. Même état, même époque.

282 — Sabre de Mars, fourreau drap vert avec son baudrier et ses insignes : « Liberté, égalité », sur bande de tissu, entre ces deux mots, se trouve la plaque de bronze représentant le triangle et le glaive sur champ de blé (pièce très probablement unique en cet état).

283 — Casque complet du XVI<sup>e</sup> siècle dit armet à Mersail, d'un beau caractère. État de rouille.

284 — Giberne de sabretache, Légion étrangère anglaise. 1835-1850.

285 — Lot de 5 plaques en fonte.

286 — Plaque cuivre repoussé (sujet romain encadré).

287 — Nature morte, plaque métal en haut relief encadré.

## AQUARELLES, GRAVURES

288 — Petite gravure religieuse sur parchemin, coloriée, cadre bois du XVIII<sup>e</sup> siècle.

289 — Deux petites peintures fixées sur verre fin du XVIII<sup>e</sup> siècle, réparation.

290 — Incroyable et jeune femme, terrasse des Tuileries ; charmante pièce. Chiffre P. G.

Haut. 0.28 × 0.22.

291 — **Indoni.** — Jeune femme se regardant dans un miroir.

Haut. 0.42 × 0.30

292 — **Indoni** (signée). — Jeune femme parlant à une perruche.

Haut. 0.42 × 0.30

293 — **E. Ciceri.** — Deux petites gouaches ovales.

294 — **A. Fontan.** — Lointain en montagne, ovale.

Long. 0.19

295 — **Indoni.** — Jeune seigneur considérant une panoplie.

Haut. 0.42 × 0.30

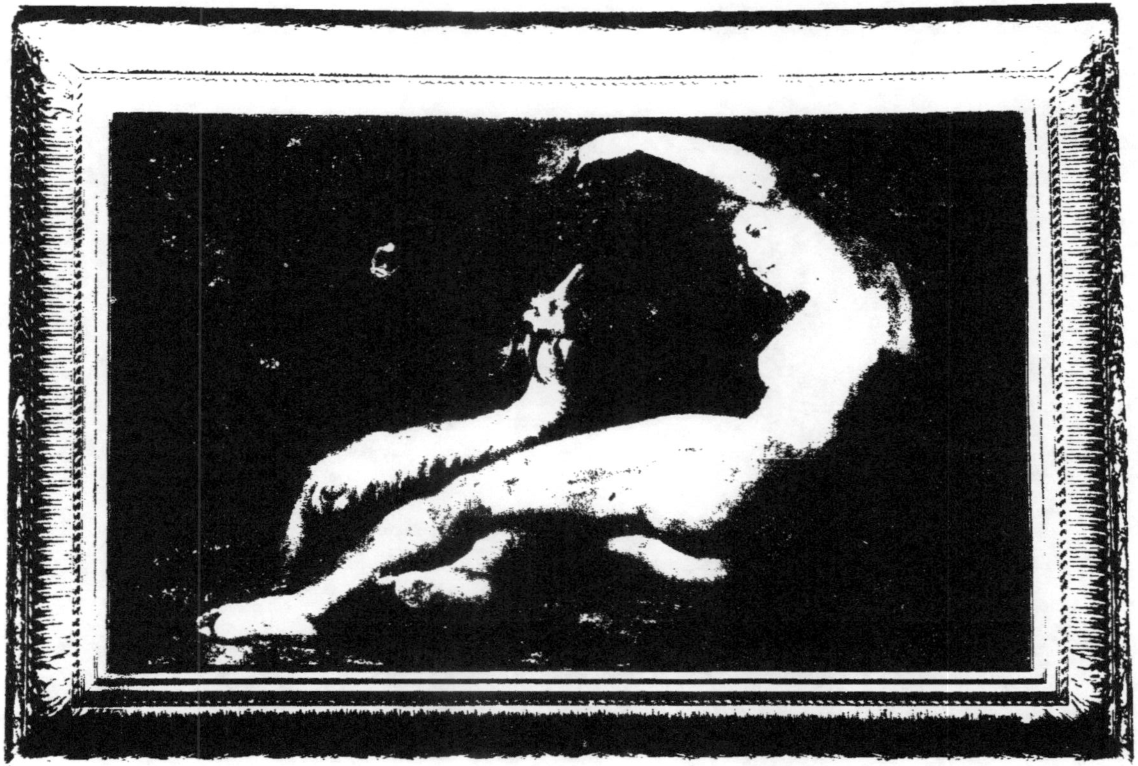

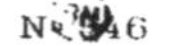

N° 46

296 — **Rembrandt.** — Deux eaux fortes sous verre.

297 — L'essai du corset. Pièce en noir complètement émargée C. Wille-Dennel.

298 — Dédicace d'un poème. Pièce en noir complètement émargée. C. Wille-Dennel, faisant pendant.

299 — Jupiter et Léda (F. Boucher).

300 — Deux gravures noires encadrées.

## PEINTURES

301 — **A. Voyave** (signé). — " Moutons en chemin ", sur bois.
Haut. 0.14 × 0.18.

302 — **A. Voyave** (signé). — " Bestiaux dans un cours d'eau ".
Haut. 0.14 × 0.18.

303 — **Anonyme.** — " Crépuscule. Moutons sur la lisière d'un bois " (étude), sur bois.
Haut. 0.22 × 0.14.

304 — **J. Caron** (signé). — Nature morte. Oiseau et cruche en grès.
Haut. 0.22 × 0.17.

305 — **J. Caron** (signé). — Nature morte. Oiseau, verre, sucrier.
Haut. 0.29 × 0.18.

306 — **Anonyme.** — " Portrait de jeune femme ", époque 1830.
Haut. 0.30 × 0.42.

307 — **Copie.** — " Portrait de Raphaël ", grandeur nature.

308 — **B. Nobleau** (signé). — " Pêcheurs chargeant du varech ".

309 — **Copie.** — " Tête de Vierge ".

310 — **L. Patrois** (signé). — " L'attente ", deux jeunes seigneurs l'épée en main.
Haut. 0.25 × 0.18.

311 — **A. de Fontenay** (signé). — " Pêcheurs au bord de la mer ".
Haut. 0.45 × 0.55.

312 — **Copie.** — " Tête de jeune femme ", grandeur nature.

313 — **L. Gaunac** (signé). — " Torrent au fond d'une crevasse " (1841).
Haut. 1.05 × 0.70.

314 — **Anonyme.** — " Tête de jeune femme ", XVIII^e siècle.
Haut. 0.15 × 0.11.

315 — **Paternoster** (signé). — " Hussard en vedette ".
Haut. 0.55 × 0.45.

316 — **F. Rinaldi** (signé). — " Glaneuse ". (Rome 1872).
Haut. 0.58 × 0.48.

317 — **Serrure** (signé). — " Jeune femme et son enfant ".
Haut. 0.24 × 0.18.

318 — **Villemsens** (signé). — " La remontrance ", la mère et la fille dans une cuisine, ustensiles, viandes, etc.
Haut. 0.55 × 0.48.

319 — **Greuse** (copie). — " La bonne mère ", (d'après Greuse).
Haut. 0.80 × 0.65.

320 — **Greuse** (copie). — " La ménagère " (d'après Greuse).
Haut. 0.80 × 0.65.

321 — **A. Contant** (signé). — " Bœufs en désordre ".
Haut. 1.15 × 2.10.

322 — **Gauthier** (signé). — " Loup pris au repaire ", toile très fine.
Haut. 0.23 × 0.33.

323 — **A.-R. Jones** (signé). — " Bestiaux en paysage ", composition heureuse, exécution soignée.
Haut. 0.35 × 0.40.

324 — **Anonyme**. — " Portrait d'homme en miniature ", milieu du XVIII^e siècle, cadre I^er Empire.
Haut. 0.12.

325 — **G. Lallemant** (signé). — " Ruines dans la campagne romaine ".
Haut. 0.14 × 0.30.

326 — **Boucher** (copie). — " Jupiter et Léda ", toile ovale. Très agréable.
Haut. 1^m × 0.75.

327 — **L. Fontenay** (signé). — Sujet genre Watteau. " Trois personnages costumés dans un bois ".
Haut. 0.55 × 0.45.

328 — **T. Gudin**. — " Naufrage d'un bateau contre rochers ".
Haut. 0.70 × 0.80.

329 — **T. Gudin**. — " Bateau en péril ".
Haut. 0.70 × 0.80.

330 — **Jules André**. — " Vue prise aux environs d'Argentan (Creuse) ". Société des Amis des Arts, 1859.
Haut. 0.45 × 0.70.

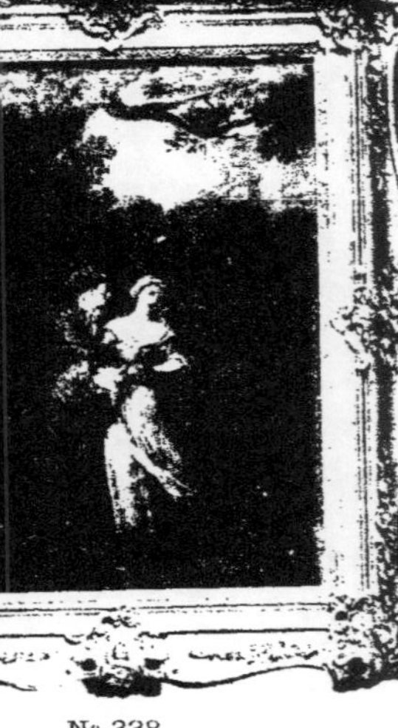

N° 338



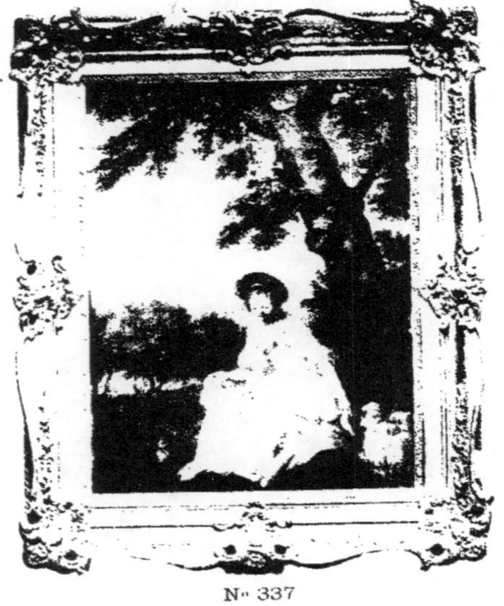

N° 337

331 — **Anonyme.** — " Adoration des Mages ", peinture intéressante sur bois, XVIe siècle, beau cadre bois très finement sculpté (moderne).

Haut. 0.60 × 0.48.

332 — **Le Moyne** (attribué). — " Le Christ laboureur et sainte Madeleine ", toile sans cadre.

Haut. 1.10 × 0.90.

333 — **Anonyme.** — " Jeune fille nue jetant un filet sur Cupidon endormi parmi des roses ", charmant paysage, toile du XVIIIe siècle (nettoyée).

Haut. 0.64 × 0.50.

334 — **P. Von Schendel** (signé). — " Intérieur flamand ", effet de lumière, peinture sur bois du XVIIe siècle.

Haut. 0.55 × 0.45.

335 — **Anonyme.** — " L'adoration des Mages ", peinture sur bois, cadre sculpté doré ancien.

Haut. 0.65 × 0.48.

336 — **Lancret** (attribué). — " La leçon de musique ", groupe de personnages dans un parc s'appliquant à l'étude d'un morceau musical — l'harmonie de la composition, la finesse du dessin et le coloris ne peuvent laisser aucun doute sur l'authenticité de cette toile — bon état. « Il est regrettable que le vernis du temps (respecté) en ait rendu impossible le tirage en phototypie ».

Haut. 0.45 × 0.34.

337 — **J.-B. Huet** (attribué). — " La gentille bergère ", toile ayant comme la précédente les qualités du maître.

Haut. 0.43 × 0.34.

338 — **Schall** (attribué). — " Le chasseur entreprenant ", peinture même genre et qualités que les précédentes avec le fini parfait et le coloris particulier de l'artiste.

Haut. 0.45 × 0.34.

339 — **Rubens** (attribué). — " Le triomphe de Silène ", toile importante, dont de semblables du maître, sauf des variantes existent dans de grands Musées, dont un à Berlin.

Haut. 1.60 × 2.45.

340 — **Rubens** (attribué). — " Le jardin d'amour ", grande toile, dont également des originaux sont dans différentes grandes galeries, entre autre à Madrid, avec également quelques détails différents.

Haut. 1.55 × 2.10.

341 — **J. Molnaere** (signé). — " Concert familial ", groupe de cinq personnages, dont le principal chante le verre en main avec un entrain jovial, surprenant de vérité ; les autres exécutants, femme et homme, accompagnent avec violon et guitare, pénétrés d'un sérieux dont le contraste avec le chanteur est frappant. Cette peinture peut être comparée à J.-V. Stein.

Haut. 0.30 × 0.35.

342 — **A. Contant** (signé). — " Bœufs en Camargue ".

Haut. 1.15 × 2.10.

343 — **Ecole Anglaise.** — " L'arrestation ", " Le relâchement ", deux panneaux.

Haut. 0.80 × 0.65.

344 — **Von Ostade** (attribué). — " Musiciens ambulants ", panneau d'une exécution consciencieuse.

Haut. 0.40 × 0.30.

345 — **Fragonard le fils** (signé). — " L'artiste dans son atelier peignant Mlle Thérouanne de Méricourt devant Saint-Just ".

Haut. 0.50 × 0.70.

346 — **G. Lottini** (signé). — " Jeune bacchante jouant avec un chèvre ".

Haut. 0.75 × 1.25.

## MIROIRS BOIS DORE

347 — Un petit miroir Louis XVI.

348 — Un petit miroir Louis XV.

349 — Un petit miroir Louis XIV.

350 — Un petit miroir Louis XVI.

351 — Un miroir marqueterie, époque de Louis XIV.

352 — Un petit miroir Louis XIV, redoré, peint.

353 — Un autre petit miroir sans couronnement.

354 — Un autre petit miroir en marqueterie du XVIIe siècle.

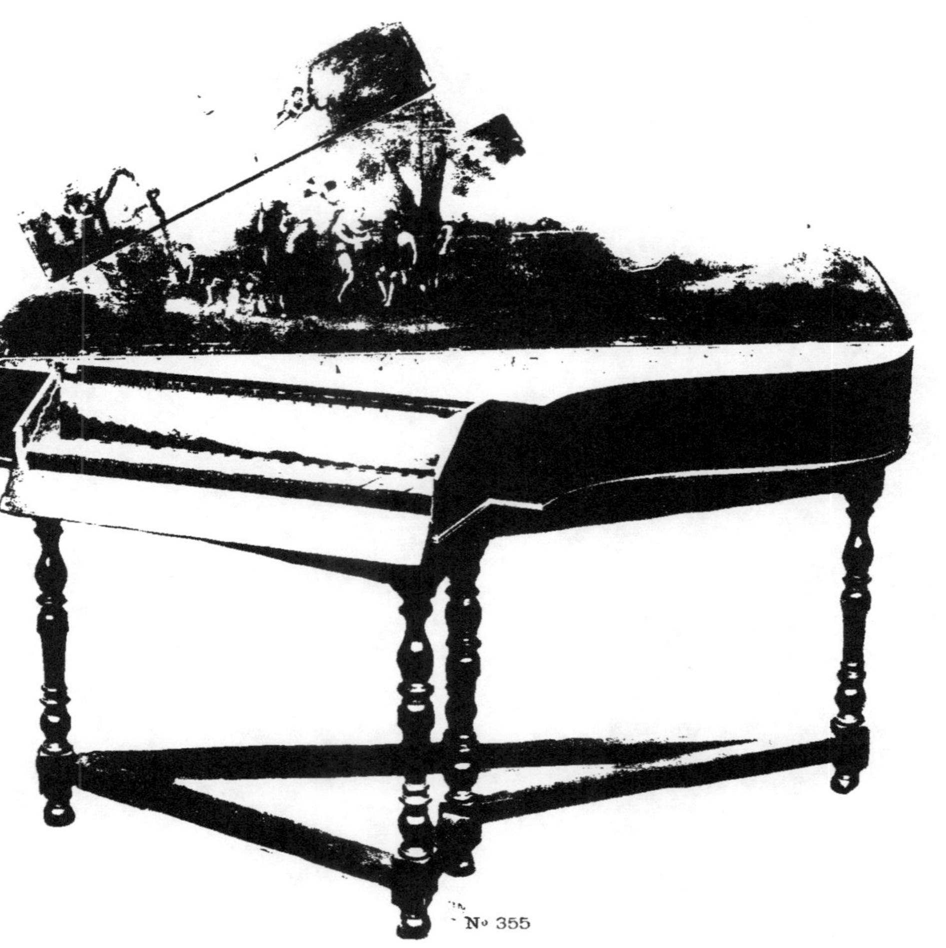

N° 355

## INSTRUMENT DE MUSIQUE

355 — Clavecin de quatre octaves, en bois tendre naturel, dans sa patine du temps; touches plaquées ébène et os. Le couvercle levé laisse voir une peinture très agréable, d'un coloris chaud et d'une charmante composition dans le genre de l'Albane; inscription sur la petite traverse de devant : « Faict à Tolose, par Antoine Lefebvre, 1678 ». Mécanisme du temps (avarie).

Long. 1.55
Profondeur 0.60
Hauteur 0.90

## MEUBLE

356 — Petit meuble composé d'un corps de dessus de cabinet en noyer sculpté, armement du XVIIe siècle, peint partiellement en noir pour imiter l'ébène naturel; encastré dans un support d'un style analogue.

Largeur 0.85
Hauteur 1.25

## TAPISSERIE

357 — Panneau d'Aubusson, époque de Louis XIV, avec toutes ses bordures, allégorie du mariage du roi.

2 mètres carrés.

**Lots divers de livres.**

**Collection de minéralogie.**

Bordeaux. — Imp. G. Chariot, 25, rue des Frères-Bonie.

www.ingramcontent.com/pod-product-compliance
Lightning Source LLC
LaVergne TN
LVHW010058230826
846091LV00005B/1987